AF561217

ÉVOCATIONS

ÉVOCATIONS

Catherine Messy

ISBN : 978-2-37011-533-1
Éditions Hélène Jacob – 13 Impasse Victor Gesta – 31200 Toulouse
Imprimé par Ingram
8,90 €
Dépôt Légal Janvier 2017

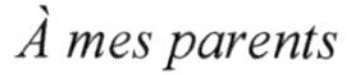

À mes parents

Crainte

Je veux écrire
Et puis redire
Ce qui surgit
À mon esprit.
Je crains vraiment,
Comme maman,
De voir sombrer
Tout mon passé,
De mes parents
À mes enfants,
Petits et grands.
Ignorer tout
De mon époux
Pourtant aimé,
Tant désiré.
Je veux qu'ils sachent
L'immense amour
Que j'ai pour eux.
Mes seules attaches,
Et pour toujours,
Ce sont bien eux.

Partir

Le noir des pensées
Dans ses yeux mordorés.
Le rose de ses joues
Sur son pâle visage.
Le gris de ses cheveux
De tons nacre embelli.
Fragile silhouette
Qui devant nous chavire,
Prompte à vouloir partir,
Voyager, nous laisser.
Il nous faut ruser
Pour pouvoir la garder,
Éviter qu'elle fuie
Et se mette à errer.

Cette envie d'un ailleurs
Qui sans cesse la hante,
Quelquefois nous fait peur,
Bien souvent nous tourmente.
Elle voudrait partir,
Hélas, ne le peut pas,
Elle ne peut partir
Mais ne le comprend pas.
Il nous faut interdire
Qu'elle mène ses pas
Vers l'endroit de son choix.

Confusion

Si fragile et si tendre !
Elle veut vous toucher
Et vouloir ainsi prendre
Tout l'amour proposé.
Elle en a tant besoin
Pour être rassurée,
Et nous prenons grand soin
De bien le lui montrer.
Car au fond de nos cœurs
Sa place est réservée.
Nous avons peur souvent
De la voir s'éloigner.
Elle oublie le présent,
Mélange le passé,
Redécouvre le temps,
Et semble juste née.

Même si tout se mêle
Elle peut encore rire.
Et ces joies même frêles
L'empêchent de souffrir,
Souffrir des absences
Qui minent ainsi sa vie,
Mais nous donnent la chance
De lui redire encore
Notre amour infini.

Inquiétude

Ses mains touchent les fleurs.
Mais de qui ce bouquet ?
Soudain on lit la peur
Et ses traits sont défaits.
Mais que faire de l'eau
À présent dans le vase ?
Elle cherche ses mots
Et répète ses phrases.
Voilà que le bouquet
Dans le vase est plongé.
Son visage est plus gai
Et l'angoisse apaisée.

CML

Tristesse

Sur son visage on lit la peine,
Cette tristesse quotidienne
Qui imprègne ainsi tout son corps,
Et fait de sa vie un effort.
Dans son esprit tout s'entremêle,
Et sa confusion est telle
Qu'elle voit les gens disparaître,
Alors que nous ne cessons d'être
À ses côtés pour rassurer,
Et de notre amour la combler.

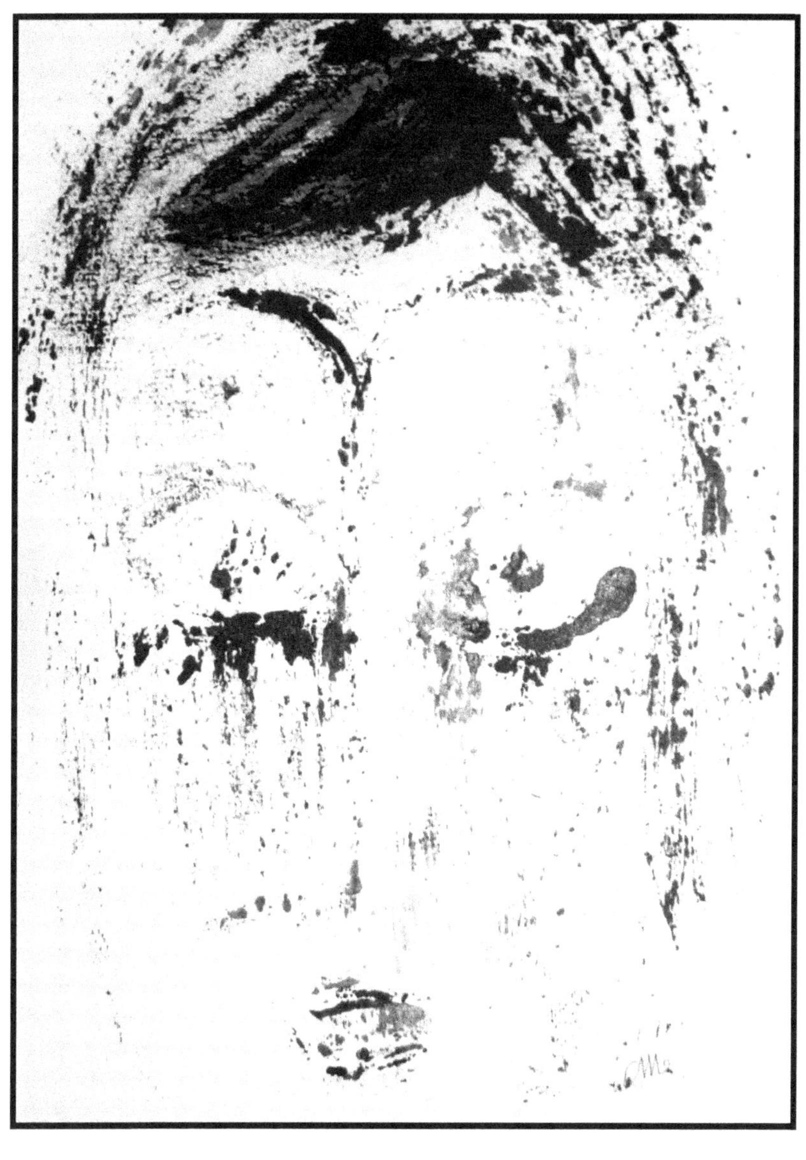

Sonate à quatre mains

Ses mains douces
Qui caressent les miennes,
Ma chaleur
Qui enrobe les siennes.
Jeu tactile qui rassure,
Lien fragile qui ne dure
Que l'espace d'un moment.
Tout s'efface dans l'instant.
Joie fugace du présent.

Maladie

Il me revient le jour
Où seule dans ma chambre
J'attendais ton retour.
Fiévreuse, frissonnante
Enfouie sous mes draps
Je guettais, somnolente.
J'entendis le moteur
Gronder sur le chemin.
Bruit si cher à mon cœur !
J'allais enfin pouvoir
Te sentir près de moi
À l'approche du soir.

Errance

Perdu au milieu de ses mots,
Son esprit vagabonde
Et me laisse en chemin.
L'oubli est devenu son lot.
Elle erre dans un monde
Qui ignore le mien.
Obsession du passé,
Le présent disloqué.
Nous cherchons vainement
À la retenir.
Nous sommes impuissants,
Et la regardons fuir.
Il faut accepter
De voir s'évader,
Celle qui s'est perdue,
Et n'est plus ce qu'elle fut.

Désir

Le soleil se cache
Sous la brume tenace,
Moelleuse couverture
Du jardin qui m'entoure.
Impression cotonneuse
Où tout paraît éteint
Mais pourtant rassurant.
Jamais je ne me lasse
De sentir, respirer
Les odeurs de pluie,
D'herbe et de fleurs fanées.
Je me prends à penser
À tout ce temps qui passe,
S'écoule lentement,
Nous porte sur ses ondes
Et nous fait dériver
Sans espoir de retour.
Partir. Il le faudra.
Et quand viendra ce jour,
Je veux couvrir la terre
De mes poussières cendrées,

Me perdre et me mêler
Au sol que, vivante,
J'aurai tant travaillé,
Fleuri, nourri, bêché.
Je veux que mon jardin
Me permette à jamais
De me fondre dans l'eau
Déversée par la pluie,
D'enrichir les plantes
Qui verdissent au printemps,
De me laisser porter
Par les vents des saisons,
Pour aller me noyer
Jusque dans les feuillages
Éclairés par la lune,
Au milieu des nuages
Chauffés par le soleil,
Dans les flocons de neige
Qui soudain s'amoncellent.
La nature serait
Mon linceul éternel.
Et bien que disparue,
Chacun m'y trouverait.

Tout va bien

Prends ma main
Et marchons en silence.
Je contemple tes yeux.
Ton regard rend plus forte
L'envie de m'y noyer.
J'y lis encore le feu
Des amours naissantes.
Serre-moi bien,
Notre chemin avance.
Je contemple tes mains
Et ressens le velours
D'étreintes caressantes.
Qui propagent le feu
Des amours grandissantes.
Serre ma main
Cheminons en confiance.
Tout va bien.

Vie commune

Contre vents et marées,
Ils sont ainsi liés.
Les moments de tempêtes
Entremêlés de fêtes
N'ont jamais réussi
À les voir désunis.
Ils ont continué
Ensemble à cheminer
Au milieu des pierres
Enfouies dans la terre,
Des herbes et des ronces
Dans lesquelles ils s'enfoncent,
Viennent se faire griffer
Ou encore trébucher.

En route, ils ont trouvé
Des étendues de fleurs
Qui embaument les cœurs.
Mais aussi les orties
Qui pourrissent la vie.
Ils se sont efforcés
De trier et glaner
Les roses du bonheur
Aux suaves senteurs,
D'éviter les pavés,
Qui pouvaient les blesser,
Pour conserver l'amour
Qui les unit un jour.

Vision

Se tenant par la main,
En quête de chaleur,
Ils fredonnent tout bas
Des airs chers à leurs cœurs.
Des airs d'un temps lointain,
Des chansons d'autrefois,
Donnant l'impression
D'avoir encore vingt ans,
Et de pouvoir danser
Comme ils le faisaient avant.
Et « le Petit Bosco »
Les fait encore pleurer.
Je les trouve si beaux,
Leurs mains entrelacées.

Mon père

Beaucoup d'amis m'envient ce père,
Généreux, curieux de tout,
Qui sait rire mais aussi se taire
Et vous laisse parler de vous.
Ses emportements d'autrefois
Sont à présent plus mesurés.
Mais on entend encore sa voix
Pour s'étonner et dénoncer.
Des défauts, il s'en connaît
Mais sait les faire oublier.
Nul n'est vraiment parfait,
Qui serait-on pour le juger ?
Ce père à nul autre pareil,
Est toujours prompt à se former,
Et chaque jour il s'émerveille
De pouvoir encore étudier.

Il a su me faire goûter
De la Callas les arias,
Et constamment encouragé
L'expression à haute voix.
Il a aussi développé
Mon goût des pleurs et des rires,
Et n'aura jamais refréné
Mon envie de lire ou d'écrire.
Toujours prompt à s'émouvoir,
Devant un coucher de soleil,
Toujours avide de revoir
Un nouveau jour qui s'éveille.

CM

Lola

Lola a décidé
De coiffer sa grand-mère.
Elle l'a bien peignée,
Elle sait quoi lui faire.
Ce seront deux couettes
Placées sur les côtés.
Deux petites houppettes
Qu'elle a bien attachées.
Et de la voir ainsi
A déclenché les rires.
Lola et sa mamie
Vont garder souvenir
De ce moment magique
Où, pendant un instant,
Grâce à deux élastiques,
C'est un déferlement
De rires et mimiques.
L'humeur est à la joie,
Aux postures comiques,
Et leur donne l'envie
D'une prochaine fois.

Effluves

Souvenirs d'enfance
Dans ma tête enfouis.
Ils forment une danse
Dans laquelle j'oublie
Le présent incertain
Des parents vieillissants,
Dont chaque lendemain
Est un rude combat.
Y retrouver l'odeur
Des bonheurs d'autrefois,
Celle d'une demeure
Où l'enfant s'émerveille
D'y voir des trésors
À nul autre pareils.

Bijoux, belles breloques,
Chapeaux et vêtements,
Foulards, manchons et toques,
Plumes et parements,
Photos et magazines
Entourés d'un ruban,
Parfum de naphtaline
Des beaux habits d'antan…
Puis mon esprit se perd
À travers le jardin,
Ses fleurs éphémères,
Qui, d'un passé lointain,
Parfument mes pensées
Et font des souvenirs
Un îlot de beauté
Et de sérénité.

Rires

Les éclats de rire des enfants
Font entrer le soleil d'été,
Dissipent les jours embrumés.
Ils sont la sève du printemps,
La confiture des goûters,
Les tartines de chocolat.
On y voit les ballons voler,
Colin-maillard et chat perché,
Traits de marelle, billes échangées.
Ils donnent envie de partager
Leurs jeux et belles amitiés,
De retourner dans le passé,
Rire comme eux à en pleurer.

Le jour est là

Le jour est là,
Dans la brèche du bois.
Jour fissuré,
Fissure ajourée.
Le blanc du ciel
Dans le volet,
Blanche percée
Du bois épais.
Blanche irruption
Du ciel crémeux,
Blanche intrusion
Du jour laiteux.
Volets ouverts,
Jour dévoilé.
Fin de mystère
Du jour caché.

Bien-être

Les nuages d'hier
Sont allés se cacher.
Ciel d'un bleu laiteux,
Éclat de la lumière,
Arbres illuminés
Qui élancent leurs ombres
Sur l'herbe encore mouillée
Par la pluie de la veille,
Que des nuées fort sombres
Sur elle ont déversée,
Martelant cette terre
Par l'été desséchée.
Douce fraîcheur de l'air,
Bien-être recouvré.

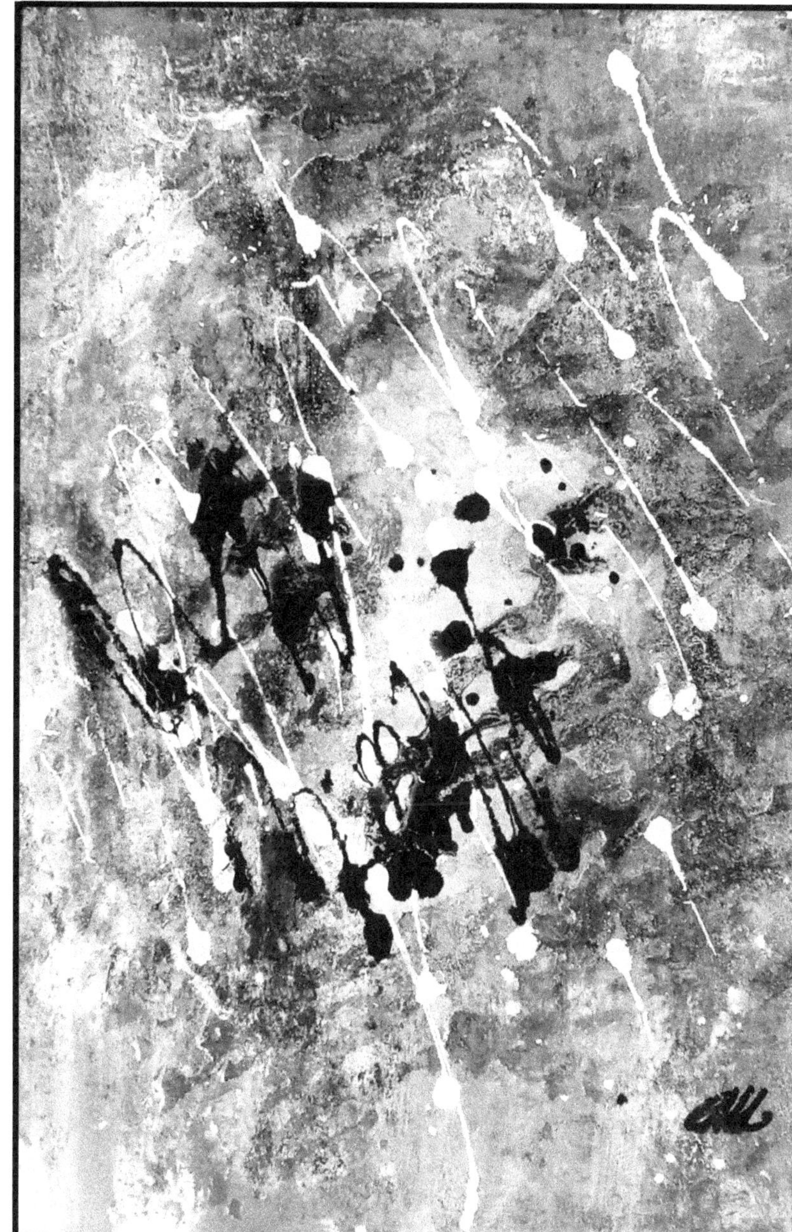

L'armoire aux couleurs du temps

Dans mon armoire, j'ai rangé
Le bleu profond du ciel,
Le rouge sang des pavots,
Le jaune vif du soleil,
Et la transparence de l'eau.
Dedans, j'ai déposé
Le mauve pâle des lavandes,
L'intense blancheur des lilas,
Et les couleurs qui tendent
Les tiges hautes des dahlias.
Je n'ai pas oublié, bien sûr,
Les tons verts des ramures.
Dans cette armoire, j'ai couché
Tout l'arc-en-ciel des couleurs,
Que le linge étendu au vent
A capturé selon l'humeur
Des quatre saisons et du temps.

Le pommier

Son feuillage vert
Fièrement arbore
Parure princière
Et royal port.
Car sous le soleil
Ses fruits rougeoyants
Nos sens émerveillent.
Voici le moment
Des pommes d'été
Gorgées de lumière.
Certaines tombées
Finissent sur terre,
Achevant leur vie
Sur le sol herbeux.
Mais il suffit
De les ramasser.
Et l'on est heureux
De pouvoir croquer
Le fruit dépendu
Sucré et charnu.
Rondeur pulpeuse
Des fruits récoltés,
Chair savoureuse
Des pommes goûtées.

Neige

Le froid s'est installé,
Le temps fait blanche mine
Sur le jardin figé.
Et la neige si fine
Aidée d'un vent tenace,
Pendant la nuit tombée
Comme du sucre glace
Sur les pins alentour,
Après la nuit passée
À blanchir les prés,
Semble se reposer
Jusqu'au lever du jour.
Bonheur des enfants
De voir en se levant
Le blanc manteau neigeux,
Offrant ses bras frileux
Pour les régaler
De ses baisers mouillés.

Fuite

Je m'apprête à tirer
Du mur blanc les volets.
Je surprends un matou
Qui folâtre, insouciant.
Le corps soudain se fige.
Ses yeux sur moi se fixent.
Je ne sais qui des deux
Baissera le regard.
Il est là, statufié,
Et rien ne le distrait.
Mais un bruit malheureux
Fait du chat un fuyard.
Je ne vois plus de lui
Que sa queue chamarrée.
Chat tigré qui s'enfuit
Et volets refermés.

La vasque

La vasque de métal gris
Gît renversée sur la pierre.
Pour l'avoir ainsi jetée,
Le vent s'est montré sévère.
Ou bien serait-ce le chat ?
Un beau matou noir et blanc,
Qui y pose tout son poids
Quand il vient par moments
S'y abreuver par temps chaud ?
Elle sert de bassin.
C'est ainsi que les oiseaux
Peuvent y prendre leur bain.
Sans doute que le matou
A voulu les courser,
Et bondissant tout à coup
L'aura fait basculer.
Souffle du vent ? Saut du chat ?
Dans leur accès de folie,
Ils ont causé des dégâts.
Et, otage de la pluie,
Sur la pierre, esseulée,
Elle est maintenant couchée.

Présence lunaire

Sur les bosquets figés,
Le jour se fait attendre.
La lune haut perchée,
Semble, à s'y méprendre,
Vouloir s'engourdir
Et prolonger la nuit.
Il faudra bien pourtant
Qu'elle cesse de luire,
Que renaisse la vie
Jusqu'au prochain couchant.
Puis elle reviendra.
Posée comme un diamant,
Elle nous semblera
Encore plus ciselée,
Sur le velours sombre
De la nuit étoilée.

Sidonie

Mains agiles
Qui découpent
Et surfilent,
Puis rajoutent
Un tissu
De leur choix :
Lin écru,
Pièce en soie…
Vêtements
Sur mesure,
Vous donnant
Belle allure.
Pantalon,
Jupe à pois,
Blanc jupon
De coton.

Beau travail
Quotidien
Fait sans failles
Par les mains
D'une amie
Passionnée,
Qui toujours
Sait créer
Les contours
D'un modèle,
Fait surgir
Les couleurs
Et sourires
De son cœur,
Nous convie
Au bonheur
D'un art qui
Est sa vie.

Lewis

Une peluche blanche
Sur un tapis herbeux.
Ses oreilles s'animent
Et son corps se meut.
C'est le lapin d'Alice
Sans sa montre à gousset,
Qui musarde et respire
L'odeur du muguet.
J'en suis fort étonnée,
Lui n'est pas apeuré.
Je le quitte des yeux
Pendant un court instant.
Éclair de blancheur,
La peluche est partie.
Ne reste que le vert
D'un jardin de printemps,
Dans lequel s'est assis
Un joli lapin blanc.

Automne

Haute cime enneigée
Perforant les nuages.
Vibrante lumière
Dans le lagon du ciel.
Feuilles jaunes et rouges
Qui picorent à l'envi
Le vert tapis mousseux.
Profond grisé de l'eau
Que le vent vient plisser.
Paysage d'automne
Au pied de ces montagnes,
Qui se retrouveront
Blotties sous un linceul,
Quand la neige hivernale
Sous ses pleurs frileux
Les ensevelira.

Voyage

Nuées d'or sous le soleil couchant,
Suite de touches pommelées
Sur la palette du ciel,
Regards courroucés
Chargés d'obscurité,
Ou coton grisonnant
Qui par instants s'entrouvre
Et semble s'essorer,
Les nuages vont et viennent,
Musardent, nonchalants,
Ou bien pressés s'enfuient.
On voudrait s'y lover,
Sauter de l'un à l'autre
Sans risquer de tomber.
Oui, se laisser porter
Par ces navettes blanches
Et bien loin s'en aller.

Remerciements

Je remercie Catherine, amie de toujours, qui a relu avec attention tous mes textes, comme elle l'a fait pour les précédents recueils. Son amitié et la façon qu'elle a eue de me livrer ses impressions m'ont encouragée à poursuivre dans le domaine de la poésie.

À propos de l'auteur

Catherine Messy poursuit son cheminement dans le domaine de la peinture et de la sculpture, couplé dorénavant à celui de l'écriture.

Évocations est son troisième recueil de poèmes illustrés.

L'auteur s'essaie également à l'écriture de romans pour diversifier sa palette.

Retrouvez ses créations artistiques sur le site Acrylique et Vieux Pastels : http://www.vieuxpastels.fr/.

Du même auteur

Bucoliques (Poésie – 2014)
Transfiguration (Poésie – 2015)

Retrouvez tous les titres et l'actualité des Éditions HJ :

Sur notre site Internet :

http://www.editionshelenejacob.com

Sur Facebook :

https://www.facebook.com/EditionsHJ

Sur Twitter :

https://twitter.com/EditionsHJ

www.ingramcontent.com/pod-product-compliance
Lightning Source LLC
LaVergne TN
LVHW021943220826
846092LV00010B/1211

* 9 7 8 2 3 7 0 1 1 5 3 3 1 *